Wat einer hett, dat hett hei

Aphorismen von Fritz Reuter

Wat einer hett,

dat hett hei

Was man hat, das hat man

Aphorismen von Fritz Reuter

Illustriert von Jutta Mirtschin

Steffen Verlag

Ausgewählt und ins Hochdeutsche übertragen von Dr. Cornelia Nenz, Direktorin des Fritz-Reuter-Literaturmuseums Stavenhagen

Wenn einer kümmt un tau mi seggt:
«Ick mak dat allen Minschen Recht!»,
Denn segg ick: «Leiwe Fründ, mit Gunst,
O, liehr'n S' mi doch des' swere Kunst!»

Türspruch der Reuter-Villa in Eisenach

Wenn jemand kommt und zu mir sagt:
«Ich mache es allen Menschen recht!»,
Dann sag ich: «Lieber Freund, mit Gunst,
O, lehren Sie mich diese schwere Kunst!»

Wenn einer deiht, wat hei deiht,
denn kann hei nich mihr dauhn,
as hei deiht.

Läuschen un Rimels

Wenn einer tut, was er tut,
dann kann er nicht mehr tun als er tut.

Makt't Handwark Di ok buten swart,
Holl rein de Hand un rein dat Hart.

> Hanne Nüte un de lütte Pudel

*Macht das Handwerk dich auch äußerlich schmutzig,
deine Hand und dein Herz halte rein.*

Drei Johr, dat is 'ne lange Tid,
Wenn Ein sei vör sik liggen süht;
Drei Johr, dat is 'ne korte Spann,
Wenn Ein sei süht von achter an.

> Hanne Nüte un de lütte Pudel

*Drei Jahre, das ist eine lange Zeit,
wenn man sie vor sich liegen sieht.
Drei Jahre, das ist eine kurze Spanne,
wenn man sie aus der Rückschau betrachtet.*

Wat einer hett, dat hett hei.

Läuschen un Rimels

Was man hat, das hat man.

Wat sall einer dorbi dauhn?
Dat is all so as dat Ledder is.

Ut mine Stromtid

Was soll man da tun?
Das ist nun mal so wie das Leder ist.

Trösten ward tau 'ne Unmäglichkeit,
wenn Einer an sinen eigen Trost nich glöwt.

Ut de Franzosentid

Trösten wird zu einer Unmöglichkeit,
wenn man an die eigenen Trostworte nicht glaubt.

Wer 't mag, de mag 't, un wer 't nich mag,
de mag 't jo woll nich mägen.

Läuschen und Rimels

Wer's mag, der mag's, und wer's nicht mag,
der mag's ja wohl nicht mögen.

'T giwwt 'ne wunnerschöne Ort von Minschen
in de Welt – säukt sei man, tau finnen sünd
sei – de wölwt wunderbore tau den Hewen
stigende Brüggen von ein Hart tau't anner
äwer de Afgrün'n de de Welt reten hett.

Ut mine Stromtid

Es gibt eine herrliche Art Menschen in der Welt – sucht
sie nur, sie sind zu finden – die wölben wunderbare zum
Himmel strebende Brücken von einem Herzen zum anderen
über die Abgründe hinweg, die die Welt gerissen hat.

De Minsch kann man
en bestimmtes Maat von Qual uthollen;
wat tau dull is, is tau dull!

Ut mine Stromtid

Der Mensch kann wohl ein bestimmtes Maß von Qual aushalten;
doch was zu schlimm ist, ist zu schlimm.

Tau jeden richtigen Honnigkauken
hürt en lütt beting Peper.

Woans ick tau 'ne Fru kamm

Zu jedem richtigen Honigkuchen
gehört ein klein bisschen Pfeffer.

De dümmsten Lüd bugen de meisten Tüften.

Ut mine Festungstid

Die dümmsten Leute bauen die meisten Kartoffeln an.

Wat sin möt, möt sin.

Ut mine Stromtid

Was sein muss, muss sein.

Mit de Leiw' is dat as mit en Bom,
je mihr de Wind in de Kron un in de Bläder spält,
desto faster smitt hei sin Wörtel.

Ut de Franzosentid

Die Liebe ist wie ein Baum,
je stärker der Wind in der Krone und in den Blättern spielt,
umso mehr breitet er seine Wurzeln aus.

Dat kläukste Haun
leggt männigmal doch in den Nettel.

De Reis' nah Konstantinopel

Auch das klügste Huhn legt manchmal in die Nesseln.

Wat einer will, dat kriggt hei nich,
un wat hei kriggt, dat will hei nich.

Dörchläuchting

Was man will, das kriegt man nicht,
und was man kriegt, das will man nicht.

17

Abendred' un Morgenred' sünd zweierlei.

Ut de Franzosentid

Abendrede und Morgenrede sind zweierlei.

Wenn ein keinen annern hett,
is de Uhl ok en Vagel.

Ut de Franzosentid

Wenn man nichts anderes hat,
dann ist auch die Eule ein Vogel.

De irste Anblick was nich slicht,
as Adam säd, as hei Eva tau seihn kreg.

Ut mine Festungstid

*Der erste Anblick war nicht schlecht,
wie Adam sagte, als er Eva sah.*

De Nod lihrt beden,
äwer sei lihrt ok sick wehren.

Ut de Franzosentid

Not lehrt beten, aber sie lehrt auch sich wehren.

De Minsch gewennt sick an Allens,
ok an de Fulheit.

Ut mine Stromtid

*Der Mensch gewöhnt sich an alles,
auch an die Faulheit.*

19

Wat tausam sall, kümmt tausam, un süll't
de Düwel mit de Schuwkohr tausam karren.

Ut mine Festungstid

Was zusammenkommen soll, kommt zusammen, und sollte es der Teufel mit der Schubkarre zusammenkarren.

Taufall nennen dat de Minschen,
äwer wenn einer richtig tausüht,
denn is dat 'ne Folg von vele annere
Folgen, von de de eigentliche Ursak
uns blot verborgen is.

Ut mine Stromtid

*Zufall sagen die Menschen,
aber in Wahrheit ist es eine Folge von
vielen anderen Folgen, deren eigentliche
Ursache uns verborgen ist.*

Dat slimmste bi so 'ne Planmakeri is dat, dat meistendeils ümmer dat Allerweiseste an düllsten ut de Richt kümmt.

Ut mine Stromtid

Das Ärgerlichste an so einer Planung ist, dass fast immer das Klügste ganz schnell aus dem Blickwinkel gerät.

Dat ward all nich so heit eten, as dat upfüllt ward.

De Urgeschicht von Meckelnborg

Nichts wird so heiß gegessen, wie es aufgefüllt wird.

Wat den Einen sin Uhl is, is den Annern sin Nachtigal.

Ut mine Stromtid

Was dem einen seine Eule, ist dem anderen seine Nachtigall.

De ollen Fuhrlüd,
wenn sei nich mihr führen känen,
mägen sei noch ümmer klappen.

Ut de Franzosentid

Die alten Fuhrleute,
wenn sie auch nicht mehr fahren können,
möchten sie doch gern noch mit der Peitsche knallen.

Up den Sack sleihst du
un den Esel meinst du.

Ut mine Festungstid

Auf den Sack schlägst du und den Esel meinst du.

Reisen Lüd' möt Keiner uphollen.

Dörchläuchting

Reisende Leute soll niemand aufhalten.

«Rendlichkeit is't halwe Lewen»,
säd sei un fegte den Disch mit en Bessen af.

Ut mine Festungstid

«Reinlichkeit ist das halbe Leben»,
sagte sie und fegte den Tisch mit einem Besen ab.

Aller Anfang is swor, hadd de Düwel seggt
un hadd sick mit Mählenstein dragen.

Ut de Franzosentid

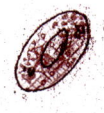

Aller Anfang ist schwer,
hatte der Teufel gesagt
und schleppte Mühlensteine herum.

De rugsten Fahlen warden de glattsten Pird.

Ut mine Stromtid

Die rauhesten Fohlen werden die glattesten Pferde.

Lat di nich verblüffen, is't elwte Gebot!

Ut mine Festungstid

Lass dich nicht aus der Fassung bringen, ist das elfte Gebot.

Wo man singt, da laß dich ruhig nieder, säd de Düwel un set't sick in'n Immenswarm.

De Urgeschicht von Meckelnborg

Wo man singt, da lass dich ruhig nieder, sagte der Teufel und setzte sich in den Bienenschwarm.

Wat weit de Bur von Gurkensalat?

De Urgeschicht von Meckelnborg

Was weiß der Bauer von Gurkensalat?

Keiner süll ihre raupen «halt Fisch!»,
ihre hei weck hadd.

    Ut de Franzosentid

Keiner sollte rufen: «Holt Fische!»,
bevor er welche hat.

Sport in de Tid, denn hewwt ji't in de Nod!

    Ut mine Stromtid

Spart in der Zeit, so habt ihr's in der Not.

As Einer in't Holt röppt,
so kriggt hei Antwurt.

    Dörchläuchting

Wie man in den Wald hineinruft,
so bekommt man Antwort.

'T giwwt würklich Minschen un – wohrhaftig! – sogor Frugenslüd', de en würkliches Unglück irst recht fastmakt.

<small>Ut mine Stromtid</small>

Es gibt wirklich Menschen und – wahrhaftig! – sogar Frauen, die ein wirkliches Unglück erst recht stark macht.

Nimm Di nicks vör, denn sleiht Di nicks fehl.

<small>De Reis' nah Konstantinopel</small>

Nimm dir nichts vor, dann misslingt dir nichts.

Den Vagel, de des Morgens tau tidig singt, frett des Abends de Katt.

<small>Dörchläuchting</small>

Den Vogel, der morgens zu früh singt, frisst am Abend die Katze.

En magern Verglik is beter as en fetten Prozeß. 35

    Ut de Franzosentid

Ein magerer Vergleich ist besser als ein fetter Prozess.

§1. Allens bliwwt bi'n Ollen.

    De Urgeschicht von Meckelnborg

§1. Alles bleibt beim Alten.

De Afgunst, dat is de Mutter von de Uneinigkeit.

    De Urgeschicht von Meckelnborg

Der Neid ist die Mutter des Zwistes.

Dat Mitled is 'ne Brügg',
de tau de Leiw räwer führt.

    Ut mine Stromtid

Das Mitleid ist eine Brücke, die zur Liebe herüber führt.

Dat gesegnetste un rikste Johr is dat,
wat sinen ruhigen un richtigen Verlop hett,
un dat glücklichste Minschenlewen is dat,
wat so vel as maeglich von Aewer-
raschungen fri bliwwt.

Schurr-Murr

*Das gesegnetste und reichste Jahr ist das,
welches seinen ruhigen und richtigen Verlauf hat,
und das glücklichste Menschenleben ist das,
welches so weit wie möglich von Überraschungen
verschont bleibt.*

Oll Lüd' sünd wunderlich,
wenn 't regent, denn führen s' tau Heu.

De Reis' nah Konstantinopel

Alte Leute sind wunderlich, sie fahren ins Heu, wenn es regnet.

Wenn 't kümmt, denn kümmt 't mit Hupen!

Schurr-Murr

Wenn es kommt, dann kommt es haufenweise.

Vele ihrliche Seelen sünd as de Müggen, den Rok känen sei nich verdragen, äwer dat Füer lockt sei an.

Ut de Franzosentid

Viele ehrliche Seelen sind wie die Mücken,
den Rauch können sie nicht vertragen,
aber das Feuer lockt sie an.

Narens geiht 't doch narscher tau, as in de Welt!

Ut mine Stromtid

Nirgends geht es doch närrischer zu als in der Welt.

Dass du die Nase ins Gesicht behältst.   41

Ut mine Stromtid

De Einen säden: 't is en Fluß,
De Annern säden: Hexenschuß,
De Drüdden säden: 't is de Gicht,
Ok Rheumatismus is 't villicht.
Mi ducht, de Nam' is einerlei,
Wenn Einen recht dat Krüz deiht weih.

De Reis' nah Konstantinopel

Die einen sagten: es ist ein Fluss,
die andern sagten: Hexenschuss,
die dritten sagten: es ist die Gicht,
auch Rheumatismus ist's vielleicht.
Mich deucht, der Name ist einerlei,
wenn einem das Kreuz richtig wehtut.

Kein Bom föllt up den irsten Hau.

Hanne Nüte un de lütte Pudel

Kein Baum fällt auf den ersten Hieb.

Ut en Swinsuhr
is kein siden Geldbüdel tau maken.

De Urgeschicht von Meckelnborg

*Aus einem Schweineohr
ist kein seidener Geldbeutel zu machen.*

Dörch Strigeln ward dat Fahlen zirlich,
Dörch Frigen ward de Minsch manierlich.

Läuschen und Rimels

*Durch Striegeln wird das Fohlen zierlich,
durch Heiraten wird der Mensch manierlich.*

«Rücksichten un Verhältnisse» sünd de beiden
niederträchtigsten un liederlichsten Würd,
de de hochdütsche Sprak utfünnig makt hett,
un de plattdütsche ok all munter tau bruken
anfängt. Jeder Hallunk, de tau wat kamen will,
hett «Rücksichten» tau nemen, un jeder Lump
sitt in «Verhältnissen», ut de hei sick nich
'rutewickeln kann.

45

De Reis' nah Konstantinopel

*«Rücksichten und Verhältnisse» sind die beiden
niederträchtigsten und liederlichsten Wörter,
die die hochdeutsche Sprache erfunden hat und die
plattdeutsche auch schon munter zu verwenden beginnt.
Jeder Halunke, der zu etwas kommen will, hat «Rück-
sichten» zu nehmen, und jeder Lump ist in «Verhält-
nissen», aus denen er sich nicht herauswinden kann.*

Bi Frugenslüd un bi Pird möst du ümmer tauirst nah de Beinen kiken; is dat Gangwark adrett, is de Beinsatz in Ordnung un is dat Fautgeschirr proper, denn kannst du up Flit, up Ordnung un Rendlichkeit reken.

47

Woans ick tau 'ne Fru kamm

Bei Frauen und Pferden musst du immer zuerst auf die Beine achten; ist das Gehwerkzeug adrett, der Beinsatz in Ordnung und das Fußgeschirr gepflegt, dann kannst du mit Fleiß, Ordnung und Reinlichkeit rechnen.

Wo't Mod' is,
ritt einer up en Bullen tau Stadt.

Ut mine Stromtid

*Wenn's gewünscht wird,
reitet einer auch auf einem Bullen zur Stadt.*

Wi Nedderdütschen sünd en hart Holt,
wat langsam Füer fangt, äwer denn ok Hitt giwwt.

Ut de Franzosentid

*Wir Niederdeutschen sind ein hartes Holz,
das langsam Feuer fängt, aber dann auch Hitze abgibt.*

Wer mit Nettel tau dauhn hett,
möt drist taugripen.

Ut mine Stromtid

*Wer mit Brennesseln umgeht,
muss fest zugreifen.*

Wat nich surt,
dat säut't ok nich.

Ut mine Stromtid

Was nicht säuert, das süßt auch nicht.

All Bott helpt,
säd de Mügg un spuckt in den Rhein.

Ut mine Festungstid

*Jedes Bisschen hilft,
sagte die Mücke und spuckte in den Rhein.*

Wo de Tun am sidsten is,
springen de Hunn' æwer.

De Reis' nah Konstantinopel

Wo der Zaun am niedrigsten ist, springen die Hunde über.

Von en Ossen is nich mihr
as Rindfleisch tau verlangen.

De Reis' nah Konstantinopel

*Von einem Ochsen ist nicht mehr
als Rindfleisch zu verlangen.*

Dat is 'ne olle Sak,
dat de Möller upwakt,
wenn de Mähl stillsteiht,
un dat de Tauhürers upwaken,
wenn de Predigt tau En'n is.

> Ut mine Stromtid

Das ist eine alte Geschichte,
dass der Müller aufwacht, wenn die Mühle stillsteht,
und dass die Zuhörer aufwachen,
wenn die Predigt beendet ist.

Ut 'ne gemeinsame, reine Freud'
wasst dat Vertrugen as 'ne schöne Blaum.

> Ut mine Stromtid

Aus einer gemeinsamen, reinen Freude
wächst Vertrauen wie eine schöne Blume.

Der Anfang, das Ende, o Herr, sie sind Dein.
Die Spanne dazwischen, das Leben, war mein.
Und irrt' ich im Dunkeln und fand mich nicht aus,
Bei Dir, Herr, ist Klarheit, und licht ist Dein Haus.

Fritz Reuters Grabspruch

Sie hat im Leben Liebe gesäet,
sie soll im Tode Liebe ernten.

Fritz Reuters Grabspruch für Luise Reuter

Jutta Mirtschin

1949 *geboren in Chemnitz*
1968 *bis 1969 Abendakademie, Hochschule für Grafik und Buchkunst Leipzig*
1969 *bis 1976 Studium und Aspirantur, Kunsthochschule Berlin-Weißensee*
1982 *bis 1985 Meisterschülerin an der Akademie der Künste Berlin*
1997 *bis 2003 Lehraufträge an den Design Schulen Anklam und Schwerin*

Seit 1974 arbeitet Jutta Mirtschin in verschiedenen künstlerischen Genres. Sie widmet sich der Malerei und Grafik, gestaltet Film- und Theaterplakate oder entwirft Kostüme für Inszenierungen am Kinder- und Puppentheater.
Ihre besondere Liebe aber gilt der Illustration und der Buchgestaltung. Mit ihren zauberhaft hintersinnigen Illustrationen stattet sie gleich gern sowohl Bilderbücher für Kinder als auch Bücher für Erwachsene aus. Diese erscheinen in zahlreichen Verlagen des In- und Auslandes.

Jutta Mirtschin lebt und arbeitet im mecklenburgischen Wustrow und in Berlin.

Fritz Reuter

1810 geboren im mecklenburgischen Stavenhagen

1831 Reifezeugnis und danach Jura-Studium in Rostock und Jena

1833 Inhaftierung wegen «hochverräterischer burschenschaftlicher Verbindungen» und Verurteilung zu 30-jähriger Festungshaft

1840 Amnestie

1851 Hochzeit mit Luise Kuntze

Zu Beginn seiner schriftstellerischen Tätigkeit schrieb er auf Hochdeutsch, später mit viel Erfolg auf Niederdeutsch. Seine berühmtesten Werke sind Läuschen un Rimels, Kein Hüsung, Ut de Franzosentid, Ut mine Festungstid, Ut mine Stromtid, Dörchläuchting und De Urgeschicht' von Meckelnborg. Der über die deutschen Grenzen hinaus bekannte Fritz Reuter gilt als Seele und Sprachrohr der Mecklenburger und war wie kein anderer Schriftsteller identitätsstiftend.

1874 verstorben im thüringischen Eisenach

Weitere Bände dieser Reihe

Illustriert von Harald Larisch *Illustriert von Petra Schuppenhauer* *Illustriert von Otto Sander Tischbein*

Illustriert von Jutta Mirtschin *Illustriert von Jutta Mirtschin*

Jeweils 60 Seiten, Festeinband, 14 x 14 cm, durchgehend illustriert

Illustriert von Harald Larisch

Illustriert von Jutta Mirtschin

Illustriert von Joe Villion

Illustriert von Jutta Mirtschin

Illustriert von Jutta Mirtschin

Impressum

3. Auflage 2020
© Steffen Verlag GmbH, 2014
Berliner Allee 38 \ 13088 Berlin
Tel. (030) 41 93 50 14
info@steffen-verlag.de
www.steffen-verlag.de

Illustrationen \ Jutta Mirtschin, Berlin
Gestaltung \ Layout \ Uwe Häntsch, Berlin

Herstellung
Steffen Media
Friedland – Berlin – Usedom
www.steffen-media.de

ISBN 978-3-941683-47-1

Die Deutsche Nationalbibliothek verzeichnet
diese Publikation in der Deutschen Nationalbibliografie
– detaillierte bibliografische Daten sind im Internet
abrufbar unter http://dnb.d-nb.de